TIGER
Dieses Buch gehört

FSC
www.fsc.org
MIX
Papier aus verantwortungsvollen Quellen
FSC® C109273

978-3-7432-0592-5
1. Auflage 2022

Text: Julia Boehme
Umschlag- und Innenillustrationen: Julia Bierkandt
Umschlaggestaltung: Jennifer Wunderwald
Printed in the EU

www.loewe-verlag.de

Julia Boehme · Julia Bierkandt

Tiger fragt Warum?

Loewe

„Los, lass uns aufstehen!“, ruft Theo.
„Warum?“, fragt Tiger.
„Damit wir spielen können“, meint Theo.

„Aber erst gehen wir frühstücken", sagt Theo.
„Warum?", fragt Tiger.
„Weil ich SO einen Hunger habe!", ruft Theo.

Und schon läuft er in die Küche zu Mama und Papa.
Natürlich kriegt Tiger auch was von Theos Müsli ab.
Ist doch klar!

„Jetzt zieh ich mich an“, sagt Theo.
„Warum?“, fragt Tiger.
„Weil ich tagsüber am liebsten
meine Jeans anhab“, antwortet Theo.

„Und ich?“, fragt Tiger.
„Du hast am liebsten
dein Fell an“, weiß Theo.

„Tag und Nacht. Stimmt’s?“
Tiger nickt.
Stimmt genau!

Sie spielen mit der Eisenbahn, bis Papa
mit Theos Rucksack in der Tür steht.
„Auf geht's zum Kindergarten", jubelt Theo.

„Warum?“, fragt Tiger.
„Weil da meine Freunde sind“, meint Theo.
Und schon schnappt er seinen Rucksack
und läuft mit Papa los.

Im Kindergarten will Tiger gleich spielen.
„Ich muss erst meine Jacke aufhängen“, ruft Theo.
„Warum?“, fragt Tiger.

„Damit ich sie später wiederfinde“, sagt Theo.
Schnell hängt er die Jacke an seinen Haken und
stellt die Turnschuhe in sein Fach.

Als Erstes holen sich Theo und Tiger die Autokiste.
Brumm, brumm fährt der kleine blaue Bus los.
Wrumm, wrumm saust der große Doppeldecker um die Kurve.

„Wir wollen auch mitspielen!“, rufen Lea und Ludwig.
„Klar könnt ihr das“, meint Theo.
„Warum?“, fragt Tiger.
„Weil es zusammen noch mehr Spaß macht!“, erklärt Theo.
Und schon wird der Flur zur Autobahn.

„Ich muss mal aufs Klo“,
flüstert Theo plötzlich.
„Warum?“, fragt Tiger.

„Weil ich sonst in die Hose mache“, kichert Theo.
„Und ich?“, fragt Tiger kleinlaut.
„Du nicht“, lacht Theo. „Oder hast du etwa Hosen an?“

TIGER

Nach dem Essen kommt Mama, um Theo abzuholen.
„Komm, jetzt gehen wir nach Hause!“, ruft Theo.
„Warum?“, fragt Tiger.
„Damit wir morgen wiederkommen können“, sagt Theo.
Und winkt allen zum Abschied zu.

Am Nachmittag malt Theo lauter Bilder.
„Guck mal, mein gelber Buntstift ist schon ganz kurz!“, ruft er.
„Warum?“, fragt Tiger.
„Weil ich dich so oft male!“, lacht Theo.

Nach dem Abendbrot mit Mama und Papa
schaut sich Theo mit Tiger noch ein Bilderbuch an.
„Und jetzt gehen wir schlafen“, gähnt Theo.
„Warum?“, fragt Tiger und gähnt auch.
„Weil ich ganz doll müde bin“, sagt Theo.

RAUBKATZEN

„Ich putz mir nur noch schnell die Zähne!“, ruft Theo.
„Warum?“, fragt Tiger.
„Weil die sonst Löcher kriegen und das tut weh“, erklärt Theo.

Da will sich auch Tiger die Zähne putzen.

Sie schlüpfen ins Bett. Mama liest noch etwas vor.
Dann macht Papa das Licht aus.
„Komm, wir kuscheln“, wispert Theo und nimmt
Tiger in den Arm.
„Warum?“, fragt Tiger.
„Weil ich dich soooo lieb hab!“, antwortet Theo.
„Ich hab dich auch lieb“, sagt Tiger.

„Und warum?“, fragt Theo und grinst.
Tiger überlegt und überlegt und überlegt.
Dann lächelt er auf einmal.
„Darum!“, erklärt er glücklich und schläft ein.

THEO